뭉치 위대한 과학자 시리즈 01
꿈꾸는 아인슈타인 3
우주를 바꾼 일반상대성이론

초판 1쇄 발행　2024년 4월 15일

지은이	송은영
그린이	신영우
감수	김제완(서울대학교 명예교수)
펴낸이	이경민
펴낸곳	㈜동아엠앤비
출판등록	2014년 3월 28일(제25100-2014-000025호)
주소	(03972) 서울특별시 마포구 월드컵북로22길 21, 2층
홈페이지	www.dongamnb.com
전화	(편집) 02-392-6901　(마케팅) 02-392-6900
팩스	02-392-6902
SNS	
전자우편	damnb0401@naver.com

ⓒ 신영우, 2024
ISBN 979-11-6363-796-7 (77400)

※ 책 가격은 뒤표지에 있습니다.
※ 잘못된 책은 구입한 곳에서 바꿔 드립니다.

 도서출판 뭉치는 ㈜동아엠앤비의 어린이 출판 브랜드로, 아이들의 지식을 단단하게 만들어 주고, 아이들의 창의력과 사고력을 키워 주어 우리 자녀들이 융합형 사고뭉치와 창의뭉치로 성장할 수 있도록 좋은 책을 만들겠습니다.

뭉치 위대한 과학자 시리즈 01

어린이과학동아
인기 연재 과학 만화

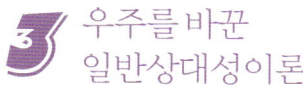

3 우주를 바꾼
    일반상대성이론

아인슈타인을 알면 세상이 보입니다!

20세기 최고의 과학자 아인슈타인의 이름은 누구나 다 알 것입니다. 하지만 인간 아인슈타인의 고뇌와 인생을 잘 아는 사람은 그리 많지 않습니다. 만화로 펴낸 '꿈꾸는 아인슈타인'을 보면 '아인슈타인의 인생과 어려운 상대성이론을 이렇게 쉽고 재미있게 풀어 낼 수 있구나' 하는 생각이 듭니다. 특히 아인슈타인이 상대성이론을 완성하는 데 즐겨 사용했던 '사고실험'으로 상대성이론을 설명하려 한 점은 참으로 독특한 발상입니다.

아인슈타인은 젊은 시절 사고실험을 통해 생각을 정리하면서 그 유명한 상대성이론을 도입하고 완성시켰습니다. 현대 과학은 아인슈타인의 상대성이론을 바탕으로 이루어져 있다고 해도 지나친 말이 아닙니다. 우주의 생성과 변천 그리고 별의 탄생과 죽음에 이르기까지 아인슈타인의 이론이 영향을 미치고 있습니다. 인간뿐만 아니라 생명체를 있게 하는 탄소와 그 밖의 원소들의 생성 역시 그의 이론에 따르고 있습니다.

또한 우리의 일상생활 곳곳에 아인슈타인이 살아 숨쉬고 있습니다. 어두운 밤을 환하게 밝히고 있는 전기의 40%가 원자력 발전에서 나옵니다. 이것은 아인슈타인 하면 누구나 떠올리는 유명한 공식 $E=mc^2$에서 나온 것입니다. '디지털카메라'와 GPS 내비게이터 역시 아인슈타인의 이론이 있기 때문에 가능한 것입니다. 일반상대성이론은 아직 완전하게 완성되었다고 할 수 없습니다. 지금도 제2의 아인슈타인을 꿈꾸는 물리학자들이 이를 완성하는 데 온갖 힘을 쏟고 있습니다.

아인슈타인을 알면 우주에서 일상생활에 이르기까지 세상이 보입니다. 이런 뜻에서 세상살이에 막 발을 들여놓은 어린이들에게 '아인슈타인' 만화가 나온다는 것은 정말로 뜻있는 일이라 할 수 있습니다.

김제완(서울대학교 명예교수)

아인슈타인을 보고 생각하는 힘을 길러 보세요!

　창의력의 밑바탕에는 사고력이 큼지막하게 자리를 잡고 있습니다. 생각하는 힘은 창의력을 키우는 데 더없이 중요한 요소입니다. 인간을 가리켜 생각하는 동물이라고 합니다. 무거운 걸 들기 위해서 기중기를 개발했고 빨리 이동하기 위해서 자동차를 발명했으며 하늘을 날기 위해서 비행기를 만들어 냈습니다. 이 모든 것이 생각할 수 있는 힘을 가지고 있기 때문에 가능한 일입니다.

　이처럼 우리가 더 나은 삶을 살아가는 데 꼭 필요한 것이 생각입니다. 그러나 이렇게 중요한 생각을 머릿속에만 꼭꼭 숨겨 둔 채 썩혀서는 안 됩니다. 값지고 의미 있게 써야 합니다. 생각을 가장 값지고 의미 있게 쓴 사람을 들라면 아인슈타인을 꼽을 수가 있습니다. 사람들은 아인슈타인을 가리켜서 백 년에 한 명 나올까 말까 한 위대한 천재라고 부릅니다. 사람들이 아인슈타인을 이토록 침이 마르도록 칭찬하는 데에는 생각하는 힘이 위대했기 때문입니다. 아인슈타인 이전에는 그 누구도 감히 하지 못한 기발한 생각을 그가 해냈습니다.

　어린이 여러분도 상대성이론을 들어 보았을 것입니다. 아인슈타인이 완성해 낸 최고로 멋진 물리학 이론 말입니다. 아인슈타인은 자신의 생각하는 힘을 상대성이론에 아낌없이 쏟아부었습니다. 그러니 상대성이론을 이해하면 아인슈타인의 생각하는 힘을 고스란히 느낄 수가 있습니다.

　저는 아인슈타인이라고 하는 위대한 인물과 상대성이론을 통해 그 안에 담긴 생각하는 힘을 여러분에게 쏙쏙 알려 주고 싶었습니다. '배부른 돼지가 되기보단, 배고픈 사람이 되겠다'는 말이 있습니다. 생각하면서 사는 삶이 그만큼 뜻있고 가치 있다는 말입니다. 여러분! 아인슈타인과 상대성이론을 통해 생각의 위대한 힘을 탄탄하게 키워 보세요.

송은영

차 례

감수자의 말 4
작가의 말 5
등장인물 소개 8

01 내 생애에서 가장 행복한 생각 11
아인슈타인을 결정적으로 유명하게 만든 건? 33

02 열기구는 요술쟁이 35
관성력은 어떤 힘인가요? 57

03 우주정거장 속의 중력 59
중력을 세 가지 방법으로 만들 수 있어요 81

04 가속도야, 중력이야? 83
중력과 가속도와 관성력은 같아요 105

05 휜 공간, 뒤통수가 보인다! ¹⁰⁷
아인슈타인과 비유클리드 기하학 129

06 중력렌즈로 분신술! ¹³¹
에테르의 정체를 밝혀라! 153

07 높은 층에 살면 빨리 늙는다?! ¹⁵⁵
중력에 의한 시간 지연 효과 177

08 블랙홀에서 화이트홀로~! ¹⁷⁹
블랙홀 이모저모 203

- 동전 하나로 서울시 전역을 불 밝힐 수가 있나요? 34
- 아인슈타인 수첩이라는 게 있다는데 무엇인가요? 58
- 미국연방수사국(FBI)는 왜 아인슈타인을 뒷조사했나요? 82
- 아인슈타인은 군대를 면제받았다고 하던데 이유가 뭔가요? 106
- 아인슈타인의 뇌 조각이 여기 저기 퍼져 있다는데 정말인가요? 130
- 아인슈타인은 인간적으로 어떤 사람이었나요? 154
- 아인슈타인은 죽기 직전 수술을 거부했다고 하는데 이유가 뭔가요? 178
- 아인슈타인이 왜 간디와 러셀을 만났나요? 204

등장인물 소개

아인슈타인

두말할 필요도 없는 세계적인 천재 과학자. 개그맨을 뺨치는 유머에 사고 실험이 주특기. 간혹 사고 실험하다가 깜박 졸기도 한다. 자신이 세계 최고의 얼짱이라는 착각에 빠져 있는 왕자병 말기 환자. 자신의 뇌 속으로 아이들을 데려다가 실험을 하는 특이한 학습 방식으로 아이들에게 상대성 이론을 정말 쉽게 가르쳐 준다.

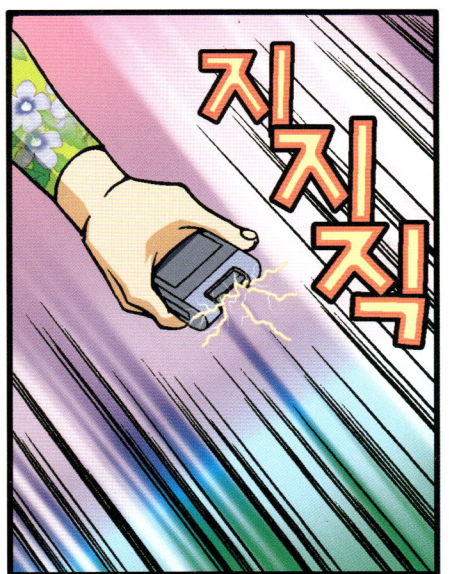

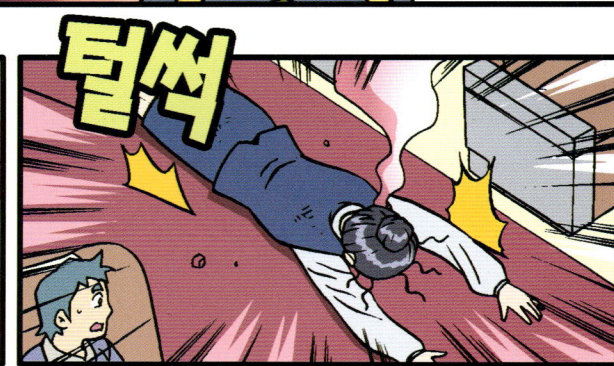

비행기에서 뛰어내리란 말인가?

역시 세계적인 물리학자라 이해력도 빠르구먼!

안 돼요, 박사님!!

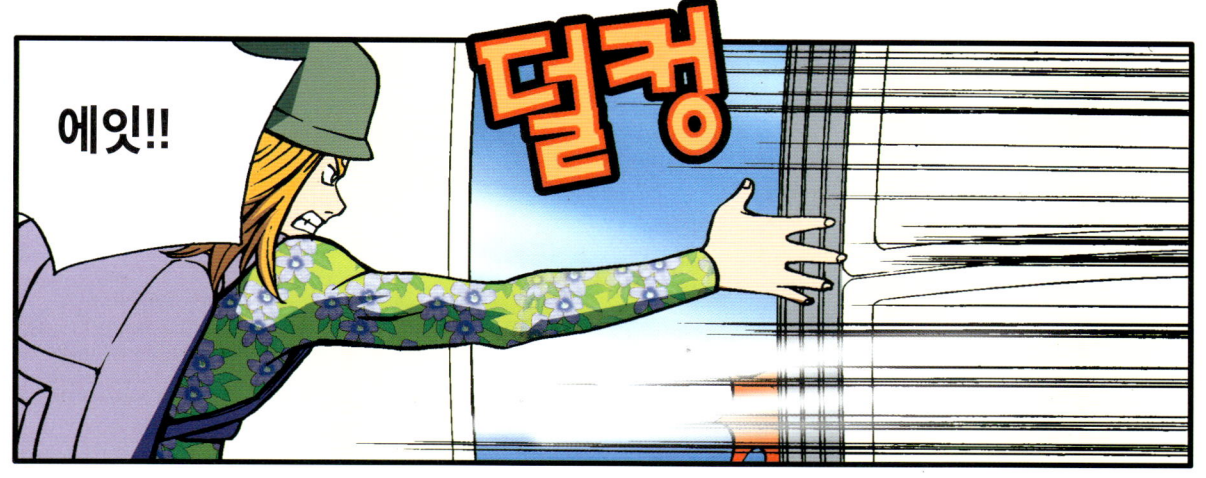

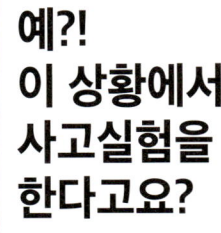  

아인슈타인을 결정적으로 유명하게 만든 건?

아인슈타인은 1905년 특수상대성이론을 발표하고, 그 해에 여러 훌륭한 논문들을 함께 발표했습니다. 그래서 과학자들은 1905년을 기적의 해라고 하지요. 논문 하나하나가 노벨상을 받아도 누가 뭐랄 수 없을 만큼 훌륭한 것들이기 때문입니다.

그러나 아인슈타인을 전 세계에서 가장 훌륭한 물리학자로 만들어 준 것은 특수상대성이론도, 1905년에 발표한 다른 여러 이론도 아니었습니다.

1919년 5월에 관측한 태양의 일식 현상이 아인슈타인을 국제적인 영웅으로 만들어 주었던 것입니다. 아인슈타인은 태양을 지나는 빛이 휠 거라고 예상했습니다. 그러나 뉴턴의 이론으로 계산한 값은 아인슈타인이 예측한 값보다 작았습니다. 그 당시까지도 세계 최고의 과학자는 뉴턴이었습니다.

에딩턴이 이끄는 영국의 일식 관측대가 사진을 찍어서 누구의 말이 맞는지 확인해 보았습니다. 그 결과, 아인슈타인이 예측한 값이 정확한 것으로 드러났습니다. 이 순간부터 세계 최고의 과학자는 뉴턴에서 아인슈타인으로 바뀌게 되었답니다.

Q 동전 하나로 서울시 전역을 불 밝힐 수가 있나요?

A 아인슈타인 알아 낸 식 E=mc²이 포함하고 있는 뜻은 실로 심오합니다. 오랜 세월 동안 과학자들은 에너지와 질량은 완전히 별개의 것이라고 보았습니다. 그래서 둘은 서로 연관지을 수 없다고 믿었습니다.

그런데 아인슈타인이 에너지와 질량은 같은 것이라는 걸 밝혀 낸 것입니다. 아인슈타인도 자신이 발견한 이 사실에 스스로도 놀라워했지요.

아인슈타인만큼이나 유명한 이 질량-에너지 등가 공식으로 계산하면, 아무리 작은 질량도 어마어마한 에너지를 낼 수가 있게 됩니다.

그 이유는 공식에 있는 광속의 제곱 때문입니다. 제곱이란 두 번 곱한다는 뜻이지요. 그러니까 질량에 광속을 두 번 연이어서 곱하면 그 값이 에너지가 된다고 하는 것이 아인슈타인의 질량-에너지 등가 원리입니다.

이 공식에 의하면 동전 하나가 갖고 있는 질량이 모두 에너지로 바뀌면, 서울시를 몇 년간이나 환하게 불 밝힐 수가 있게 됩니다.

원자력 발전이 바로 이 E=mc² 공식을 이용해 작은 우라늄 덩어리로 거대한 에너지를 만들어 내고 있는 것입니다.

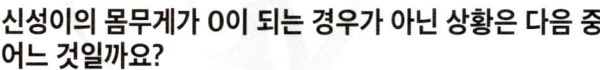

신성이의 몸무게가 0이 되는 경우가 아닌 상황은 다음 중 어느 것일까요?
(정답은 204쪽에 있습니다.)

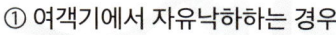

① 여객기에서 자유낙하하는 경우
② 우주 공간에 머물러 있는 경우
③ 엠파이어스테이트 빌딩에서 뛰어내리는 경우
④ 가속 운동하는 우주선에 타고 있는 경우
⑤ 엘리베이터의 줄이 뚝 끊어진 경우

관성력은 어떤 힘인가요?

우선, 관성이란 말은 무엇일까요? 관성이란 현재의 상태를 그대로 유지하려는 성질을 말하는 것이랍니다.

따라서 외부에서 힘이 작용하지 않으면, 운동하고 있는 물체는 계속 운동하려고 하고 정지해 있는 물체는 계속 정지해 있으려고 합니다. 예를 들어, 정지한 버스가 출발하면 계속 정지해 있으려는 속성 때문에 뒤로 쏠리게 되고, 달리던 버스가 멈추면 계속 달리고 싶은 속성 때문에 앞으로 쏠리게 됩니다. 이처럼 운동에 순응하지 못하고 원래의 상태를 유지하려고 할 때 생기는 힘이 관성력입니다.

앞의 예에서 보자면, 버스가 출발할 때 뒤로 쏠리는 힘이나, 달리던 버스가 멈출 때 앞으로 쏠리는 힘이 관성력이랍니다.

 아인슈타인 수첩이라는 게 있다는데 무엇인가요?

A 아인슈타인은 생각하는 걸 굉장히 즐겼습니다. 생각만 하고 끝난 것이 아니라 꼭 수첩이나 공책에 기록했지요.

언제, 어디서나 아이디어가 떠오르면, 그 자리에서 수첩을 꺼내 기록하곤 했습니다. 그렇게 모인 기록 하나하나는, 아인슈타인이 상대성이론을 만들어 내는 데 큰 공헌을 했지요.

아인슈타인은 1910년 취리히에 있는 상점에서 수첩을 구입해 거기다가 여러 가지 아이디어와 수식을 잔뜩 적어 놓았지요. 순간적으로 생각난 것들이 많아서, 대부분이 휘갈겨 쓰듯이 쓰여 있습니다. 물론, 그 수첩에는 아인슈타인이 알고 지내는 여러 사람의 주소와 약속 날짜도 적혀져 있지요.

취리히 메모 용지철이라고 부르는 이 수첩은 아인슈타인이 1910년에서 1914년까지 사용한 것으로 알려져 있습니다. 여기에 적어 놓은 여러 가지 생각의 요점과 수식들은 아인슈타인이 특수상대성이론을 발표하고 나서 일반상대성이론을 완성하는 데 든든한 디딤돌이 되어 주었답니다.

은하의 몸무게가 가장 많이 나오는 경우는 다음 중에서 어느 상황일까요?
(정답은 204쪽에 있습니다.)

① 지표에 서 있는 상황
② 지구에서 가속 중인 엘리베이터에 타고 있는 상황
③ 우주 공간에 머물러 있는 상황
④ 지구와 같은 중력을 만들어 내는 우주정거장에 있는 상황
⑤ 달에 서 있는 상황

나는 어때? 베이베~.

우헤헤헤~!

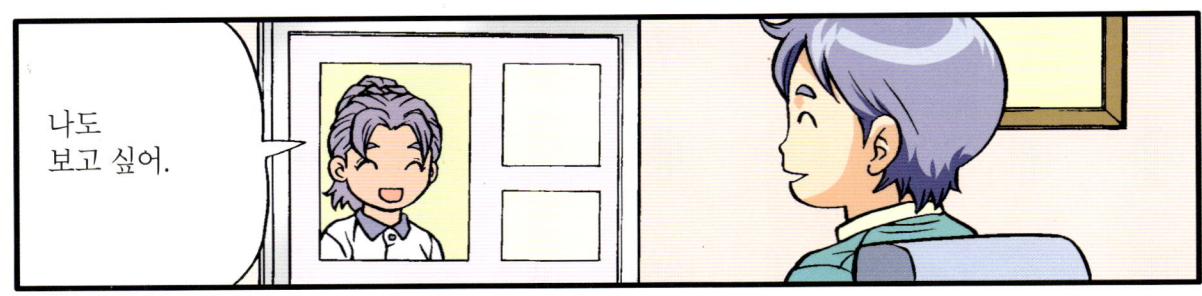

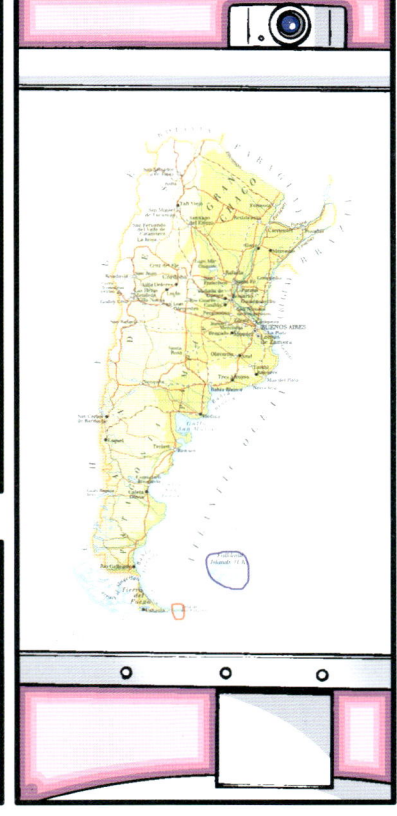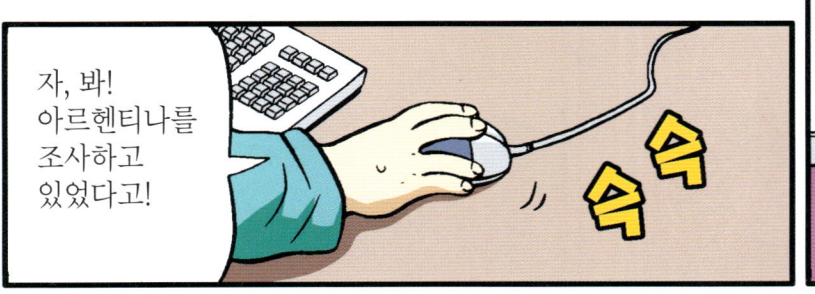

우리 쪽에서 보면 아르헨티나에 있는 사람들은 거꾸로 서 있는 격이잖아!

그런데 아르헨티나 사람들은 왜 밑으로 안 떨어질까 그 생각을 하고 있었어.

야, 너는 그것도 모르냐?

넌 알고 있어?

그건 중… 중….

중…, 뭐?!

그런 중요한 건 말이야. 박사님이 알려 주실 거야, 호호호.

휴~!

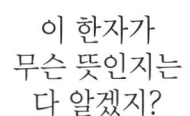

*무중력 상태는 중력이 없는 상태가 아니라 중력을 느끼지 못하는 상태를 말한다. 이런 경우 정확하게는 무중량 상태라고 해야 하지만 편의상 무중력 상태로 표현한다.

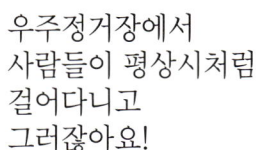

으아~!
으아아아~!!

음하하하!
재밌다,
재밌어!!

뭐하는
짓이야!

아이들은
가만히 놔 둬!

그렇지!
아이들이
무슨 죄가 있겠어!

중력은 세 가지 방법으로 만들 수 있어요

우주선이 행성에 착륙하면 중력을 받게 됩니다. 그리고 우주선이 우주 공간에서 가속 중이면 관성력이 중력을 대신합니다. 그러나 무중력 공간에 멈추어 있으면 중력의 영향을 받지 않습니다. 하지만 그때 미지의 천체가 다가오면 어떻게 될까요?

그땐 천체가 만드는 중력의 영향을 피할 수가 없게 됩니다. 왜냐하면 천체는 중력을 갖고 있어서, 그 주변에는 늘 강한 중력장이 발생하기 때문입니다. 행성에 착륙한 것도 아니고, 가속 운동을 하는 것도 아니지만 무중력 공간에 정지해 있는 상태에서 천체가 지나가면 중력이 만들어지는 겁니다.

자, 그러면 중력을 만드는 세 가지 경우를 다시 확인해 볼까요.

첫째, 우주선이 행성에 착륙한 경우.
둘째, 우주선이 가속 운동 중인 경우.
셋째, 우주선이 무중력 공간에 정지해 있는데, 천체가 지나가는 경우.

중력을 만드는 세 가지 방법

메뉴1 — 착륙
메뉴2 — 가속 중
메뉴3 — 정지 중 / 나, 천체

Q 미국연방수사국(FBI)은 왜 아인슈타인을 뒷조사했나요?

A 제2차 세계대전 중에는 미국과 소련이 힘을 합쳐서 나치와 싸웠습니다. 그러나 제2차 세계대전이 독일의 패전으로 끝나자, 미국과 소련은 적대적으로 돌변했습니다. 대다수 미국인들은 공산주의 국가를 믿을 수 없다고 생각했지요.

미국과 소련의 갈등은 날이 갈수록 깊어져 갔고, 미국에선 공산주의자들을 감시하고 체포하기 시작했습니다.

그 일을 메카시라고 하는 국회의원과, 미국연방수사국(FBI)이 진행했습니다. 그런데 미국의 감시 대상에는 아인슈타인도 포함되어 있었답니다. 이들이 아인슈타인을 뒷조사하기 위해서 내세운 변명은 다음과 같은 내용들이었습니다.

'아인슈타인은 공산주의적 성향이 있는 사람이다. 더구나 그는 독일에서 온 사람이다. 그런 사람을 믿을 수는 없다.'

에드가 후버가 이끈 FBI는 아인슈타인이 공산주의자라는 증거를 찾기 위해 신문이며 잡지를 수집했습니다. 그들은 심지어 아인슈타인의 집 쓰레기통도 뒤졌고, 전화까지 도청했습니다. 그러나 아무런 증거를 찾아 내지 못했지요. 그들이 수집한 아인슈타인의 FBI 파일은 1427쪽 분량이나 되었답니다.

다음 중 중력을 느낄 수 없는 곳은 어디일까요?
(정답은 204쪽에 있습니다.)

① 달
② 태양
③ 블랙홀
④ 가속도 운동하는 우주선
⑤ 우주 공간에 정지해 있는 우주선

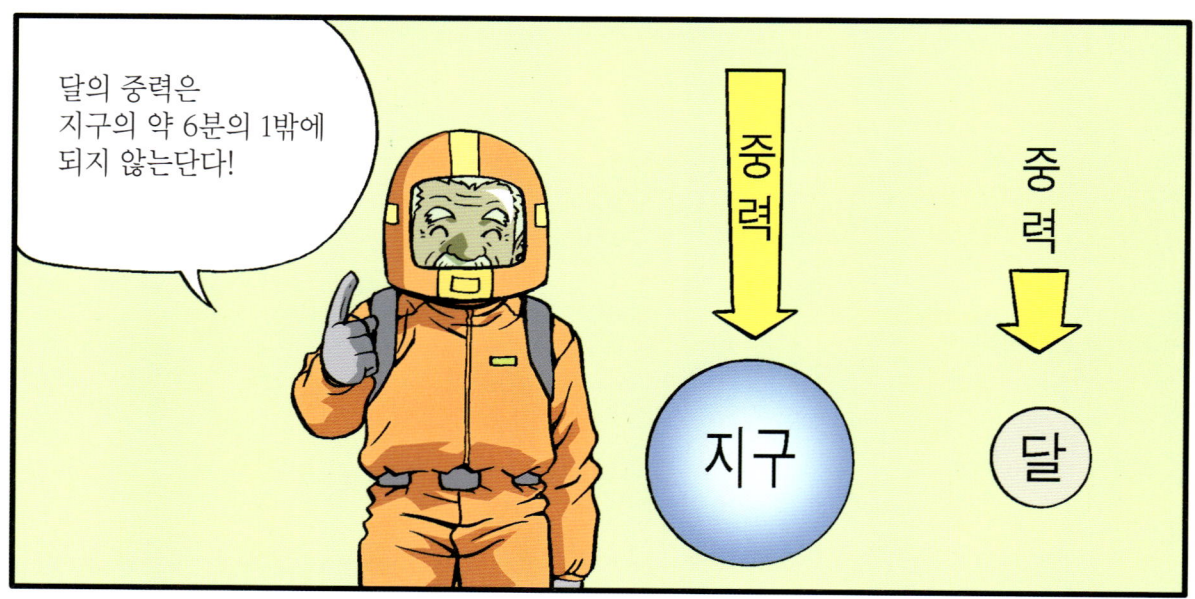

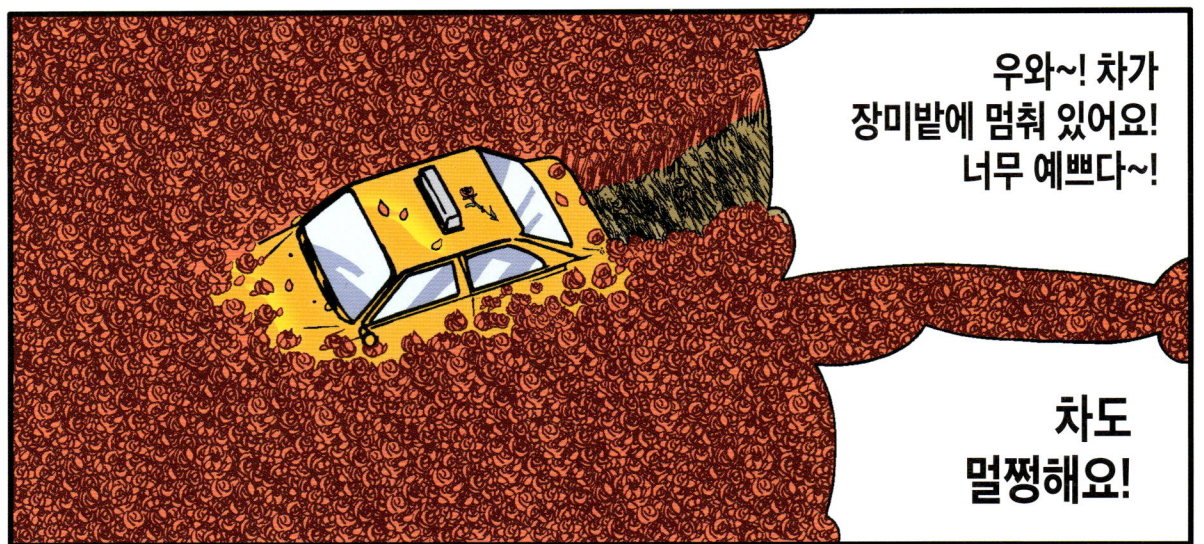

중력과 가속도와 관성력은 같아요

중력은 모든 물체에 예외 없이 공통으로 작용하는 힘입니다. 그러나 가속도는 힘이 아니에요. 물체가 빨라지고 느려지는 운동 상태를 나타낼 뿐이지요. 그러니 중력과 가속도가 같다고 생각하는 건 참으로 어처구니가 없는 일이겠지요. 그러나 아인슈타인은 그렇게 생각하지 않았습니다.

행성에 착륙한 우주선은 중력을 받지요. 그리고 우주선이 우주 공간으로 가속 운동하면 관성력이 중력을 대신하지요. 또한 우주선이 무중력 공간에 멈춰 있어도, 천체가 옆으로 지나가면 중력의 영향을 받아요.

그런데 우주선 밖을 내다볼 수 없다면, 그렇게 생긴 중력이 행성에 착륙해서 생긴 것인지, 가속 중이어서 생긴 것인지, 천체가 지나가서 생긴 것인지를 알 수가 없어요.

이건 가속도와 관성력과 중력을 구별할 수 없다는 뜻이지요. 즉, 가속도와 관성력과 중력이 같다는 말이에요. 이것을 등가 원리라고 합니다.

등가 원리란? 가속도 = 관성력 = 중력인 셈이지요.

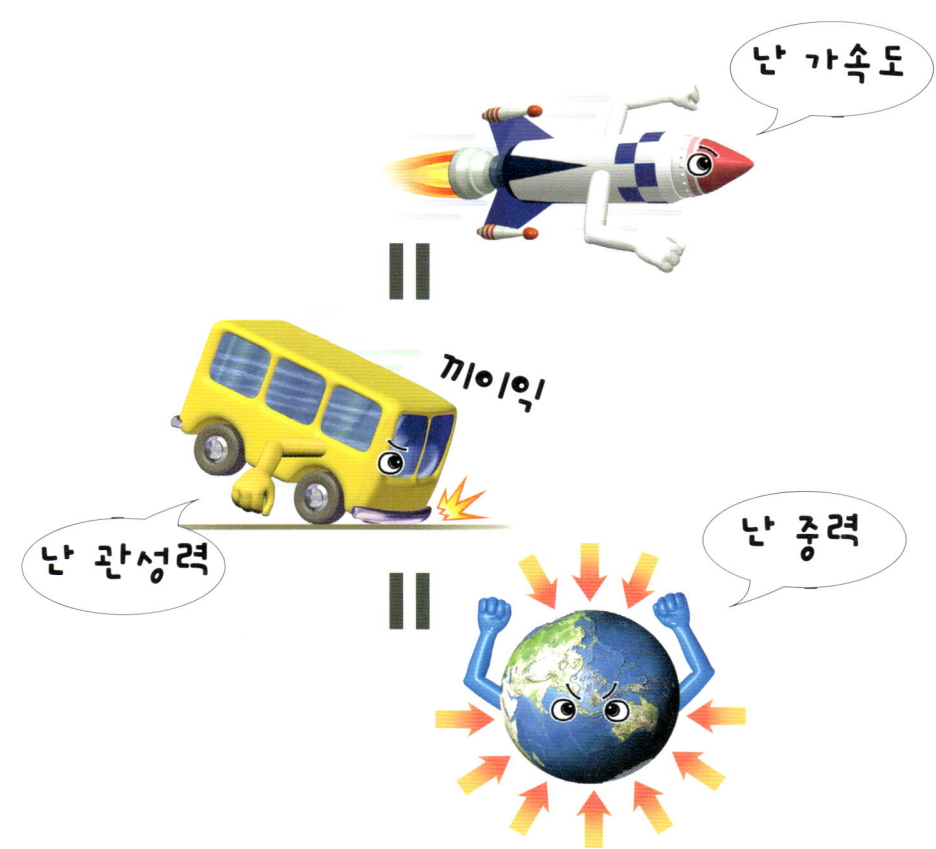

가속도야, 중력이야? 105

Q 아인슈타인은 군대를 면제받았다고 하는데 이유가 뭔가요?

A 1896년 아인슈타인은 독일을 떠나면서 국적을 포기했습니다. 독일 국적을 포기함으로써, 아인슈타인은 독일의 군복무에 대한 짐도 벗을 수가 있었습니다.

그리고 아인슈타인은 스위스에서 무국적자로 5년 동안 살았고, 1901년에 스위스의 시민권을 취득했습니다. 이때 아인슈타인의 나이는 21세였습니다.

스위스에서도 젊은이는 군대를 가야 했습니다. 그래서 스위스의 시민이 된 아인슈타인도 군복무를 하기 위해 신체검사를 받았습니다. 그런데 신체검사에서 군복무를 하기 어렵다는 판정을 받은 것입니다. 당시의 신체검사를 기록한 서류에는 이렇게 적혀 있습니다.

'정맥의 흐름이 원활하지 않고, 평발인 데다가 발에 땀이 많이 나 군 징집을 면제한다!'

이렇게 해서 아인슈타인은 군복무를 하지 않아도 되었던 것입니다. 하지만 군복무를 하지 않은 대가로 아인슈타인은 군복무 세금을 42세까지 내야 했습니다.

지구에 있을 때 신성이의 평소 체중은 25킬로그램입니다. 신성이의 이 체중이 나오는 경우는 다음 중 어느 것일까요?
(정답은 204쪽에 있습니다.)

① 달에 서 있을 때
② 블랙홀로 빨려 들어갈 때
③ 우주공간에서 유영할 때
④ 화성에 착륙할 때
⑤ 지구 중력가속도로 가속 중일 때

흰 공간, 뒤통수가 보인다 123

저게 어떻게 된 거예요?

레이저가 돌아서 게슈타포가 맞았어요!

중력은 공간을 휘게 만든단다. 중력이 강하면 강할수록 공간이 휘는 정도는 더욱 커지게 되지. 이곳은 엄청나게 휜 공간이란다. 둥근 공처럼 휘었다고 보면 되지.

아인슈타인과 비유클리드 기하학

우리는 수학 시간에 '삼각형의 내각의 합은 180°이다'라고 배웁니다. 이것은 '유클리드'라고 하는 고대 그리스의 수학자가 알아 낸 원리지요. 그래서 이것을 '유클리드 기하학'이라고 합니다.

사람들은 유클리드 기하학이 수천 년 동안 기하학을 지탱해 온 만고불변의 원리라고 믿었습니다. 그런데 삼각형의 내각의 합이 180°가 아니라 180°보다 크거나 작을 수도 있다는 사실을 수학자들이 알아 냈습니다. 이것은 유클리드가 밝힌 기하학과는 다르다고 해서 '비유클리드 기하학'이라고 합니다.

그런데 아인슈타인이 일반상대성이론을 완성하는데, 유클리드 기하학으로는 풀리지가 않았습니다. 비유클리드 기하학이 필요했던 겁니다. 그러나 당시 비유클리드 기하학은 이제 막 소개된 학문이어서, 수학자들도 몹시 어려워한 학문이었습니다. 그러니 물리학자가 그것을 독학해야 했으니 그 어려움이 어떠했겠습니까? 아인슈타인이 이런 말까지 했을 정도지요.

"특수상대성이론은 아이들 장난에 불과합니다. 비유클리드 기하학을 배워 나가는 모든 과정이 지독히 어렵습니다. 원리를 이해하는 데 이렇게 어려움을 겪은 적은 없었습니다. 이 이론을 창안해 낸 수학자에게 지극한 존경심이 일 정도입니다."

그러나 아인슈타인은 그 모든 어려움을 이겨 내고 결국 일반상대성이론을 완성해 냈답니다.

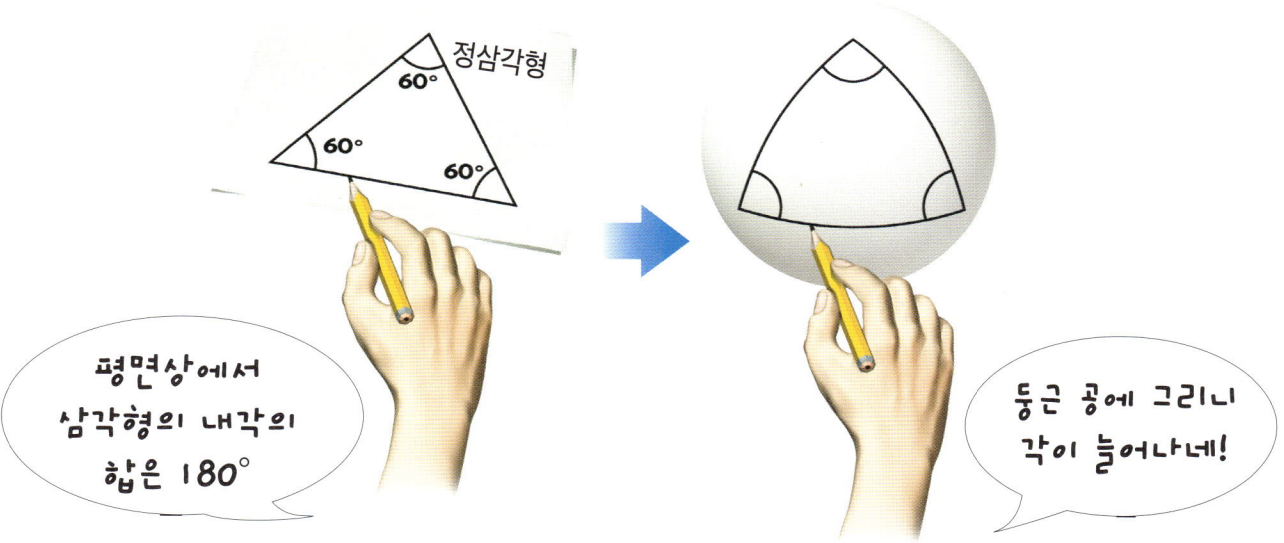

휜 공간, 뒤통수가 보인다 129

Q 아인슈타인의 뇌조각이 여기 저기 퍼져 있다는데 정말인가요?

A 아인슈타인의 비서였던 헬렌 두카스는 그 문제를 이렇게 회상했습니다.
"박사님의 뇌 문제는요, 부검을 하다가 그렇게 된 것이랍니다."
두카스가 말을 이었습니다.
"박사님이 돌아가셨을 때, 아인슈타인의 가장 가까운 혈족은 그의 큰 아들인 한스 아인슈타인이었습니다. 그의 첫 번째 부인인 밀레바와, 두 번째 부인인 사촌 동생 엘자는 이미 세상을 떠난 상태였지요. 한스 아인슈타인은 박사님의 부검을 허락해 주었습니다."
부검은 프린스턴 병원의 병리학자인 토머스 하비 박사가 했습니다. 그런데 하비 박사가 부검을 하면서 아인슈타인 박사님의 뇌를 꺼내어 놓은 것입니다. 이건 서로 합의되지 않은 일이었어요. 하비 박사는 사전에 물어 보지도 않고, 자기 마음대로 박사님의 뇌를 따로 떼어 낸 것입니다.
부검을 끝낸 하비 박사가 이렇게 물었습니다.
"아인슈타인 박사님의 뇌를 연구용으로 써도 되겠습니까?"
한스 아인슈타인이 대답했습니다.
"단, 조건이 있습니다. 제 아버님의 뇌에 대한 연구 결과는 오로지 과학 논문을 통해서만 발표해야 합니다."
하비 박사는 아인슈타인의 뇌를 여러 과학자들에게 얇게 잘라서 조금씩 나누어 주었습니다. 그리고 나머지는 자신의 집 지하실에 보관했지요. 이러한 모든 사실은 비밀에 붙여질 예정이었습니다. 그러나 기자들이 그 사실을 언론에 대대적으로 보도하는 바람에 알려지게 된 것이랍니다.

다음 중에서 빛이 가장 많이 휘는 곳은 어디일까요?
(정답은 204쪽에 있습니다.)

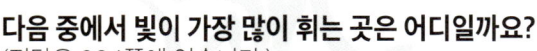

① 중성자 별 주위
② 태양 주위
③ 블랙홀 주위
④ 지구 주위
⑤ 카시오페이아자리 주위

으~! 가만 두지 않겠다!

지옥까지라도 따라가마!

게당케 게당….

꺄울~!!

후~!
겨우 들어왔네!

그런데 여긴 어디지?

아인슈타인, 또 어디로 간 거야?

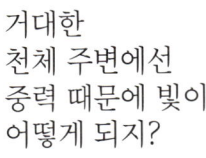

에테르의 정체를 밝혀라!

19세기 말, 과학자들은 물결이 나아가는 것처럼 빛이 움직인다고 보았습니다. 즉, 빛이 파동처럼 행동한다고 본 것입니다. 그런데 파동이 운동하기 위해서는 매질이라고 하는 중간물질을 필요로 한답니다. 그래서 빛이 이동하는 걸 도와 주는 중간물질이 있을 것이라 보고, 그것을 '에테르'라고 불렀지요.

그러니 빛이 파동처럼 행동하는지를 검증해 보려면, 에테르를 찾아야 합니다. 그래서 여러 과학자들이 에테르를 찾으려는 시도를 했지요. 그 중에서 가장 유명한 실험이 마이켈슨과 몰리의 실험이었습니다.

1887년 두 명의 미국인 물리학자 마이켈슨과 몰리가 '간섭계'라는 실험 장치를 사용해 에테르의 존재를 입증하는 실험을 했습니다. 그러나 여러 번 실험을 반복해 보아도 에테르를 찾아 내지 못했습니다.

과학자들은 이 문제를 어떻게 해석해야 할지 고민했지요. 그러던 중 아인슈타인이 특수상대성이론을 들고 나타난 것입니다. 아인슈타인은 특수상대성이론에서 에테르가 있다 없다 라는 식으로 편 가르듯이 나누지 않았습니다. 아니, 그럴 필요도 없었습니다. 특수상대성이론의 방식대로 세상을 바라보면, 에테르를 생각하지 않아도 되었기 때문입니다. 결국, 에테르는 존재하지 않는 것으로 밝혀졌답니다.

중력렌즈로 분신술! 153

Q 아인슈타인은 인간적으로 어떤 사람이었나요?

A 아인슈타인을 만났던 사람들은 한결같이 그의 인간적인 측면을 좋게 떠올렸답니다. 세계에서 가장 유명한 과학자면 남부럽지 않은 생활을 할 수 있고, 기사가 딸린 최고급 자동차를 탈 수도 있었고, 평범한 사람들 앞에서 거만함을 떨 수도 있었습니다.

그러나 아인슈타인은 그러지 않았습니다. 아인슈타인은 사무실이 있는 곳까지 걸어 다녔고, 이웃집에 새끼고양이가 태어나면 그걸 구경하러 갔으며, 겨울밤에 캐럴을 부르는 사람을 반갑게 맞아 주었습니다.

또 아인슈타인은 안경을 새것으로 바꾸기를 싫어했고, 양말을 신으면 구멍이 난다며 양말 신는 걸 좋아하지 않을만큼 검소했습니다. 이처럼 아인슈타인은 도도하거나 거만한 학자가 아니었습니다. 한 마디로 그는 편안한 이웃 친구이자 이웃 할아버지였던 것입니다.

별빛이 태양 주변을 지나고 있습니다. 별빛은 어떻게 지나갈까요?
(정답은 204쪽에 있습니다.)

① 오던 그대로 곧게 나아간다.
② 뱀이 기어가는 듯이 구불구불 지나간다.
③ 태양 바깥쪽으로 크게 휘어진다.
④ 태양 안쪽으로 굽어진다.
⑤ 회오리치듯이 복잡하게 움직인다.

높은 층에 살면 빨리 늙는다?!

터엉

당신 뭐야?!
치한이야?!

콰악

으아아아~!

이모!

은하야!

은하?

높은 층에 살면 빨리 늙는다?! 171

중력에 의한 시간 지연 효과

중력이 시간을 천천히 가게 한다는 첫 검증은 1960년 하버드대학에서 실시되었습니다. 중력에 차이가 있으면, 중력에 의한 시간 느려짐 현상은 언제 어느 곳에서도 확인되어야 합니다.

하버드대학의 물리학과 건물에는 높이 22m의 탑이 있습니다. 물리학자 파운드와 레브카는 이 탑의 바닥과 천장에 실험 장치를 설치했고, 1년 동안에 1억 분의 1초라는 시간 지연 효과를 확인했습니다. 극히 미미한 차이지만, 아인슈타인의 예측이 맞았음을 보여 주는 실험이었습니다. 이것은 20세기 후반의 실험물리학이 일궈 낸 가장 뜻 깊은 결과 중 하나였습니다.

1976년에는 실험의 정밀도를 높이기 위해 로켓을 지상 약 160km 상공까지 올려 보내서 시간 지연 효과를 측정했습니다. 결과는 파운드와 레브카가 얻은 값보다 7000배나 큰 시간 지연 효과가 나타났습니다.

그 뒤에는 지구 밖으로 나가 우주 공간을 실험 무대로 옮기고, 인공위성과 금성과 목성을 이용하는 실험으로 이어졌습니다. 그로부터 얻은 모든 결과는 아인슈타인의 예측이 맞았음을 보여 주었습니다.

그리고 현재는 중성자별 같은 중력이 매우 강한 별을 이용해서 아인슈타인의 시간 지연 효과를 확인하는 폭넓은 연구를 하고 있습니다.

높은 층에 살면 빨리 늙는다?!

Q 아인슈타인은 죽기 직전 수술을 거부했다고 하는데 이유가 뭔가요?

A 아인슈타인이 병원에 입원하자 의사가 물었습니다.
'아인슈타인 박사님, 수술을 받으시는 게 어떻습니까?'
아인슈타인이 대답했습니다.
"나는 내가 이 세상을 떠나고 싶을 때 가고 싶습니다. 인위적으로 생명을 연장시키는 것은 재미없는 일이지요. 나는 이 세상에 태어나 나의 몫을 다했다고 생각합니다. 이제 갈 때가 되었다고 봅니다. 나는 우아하게 사라지고 싶거든요."
아인슈타인은 수술을 받으라는 의사의 말을 이렇게 완곡히 거절했던 것입니다. 1955년 4월 18일, 심장 근처의 혈관 파열로 알베르트 아인슈타인은 세상을 떠났습니다. 검시 후 아인슈타인의 육체는 화장되어 비밀에 붙여진 장소에 뿌려졌지만, 뇌는 프린스턴 병원의 병리학자 토머스 하비 박사가 보관하게 되었답니다.

다음 중에서 시간 지연 효과가 가장 두드러지게 나타나는 것은 어느 경우일까요?
(정답은 204쪽에 있습니다.)

① 우주선이 블랙홀 속으로 빠져들고 있을 때
② 우주선이 지구 대기 구름층을 빠져나가고 있을 때
③ 우주선이 지구 중력권을 벗어나고 있을 때
④ 우주선이 태양 옆을 비켜 지나가고 있을 때
⑤ 우주선이 지표에서 막 출발하려 하고 있을 때

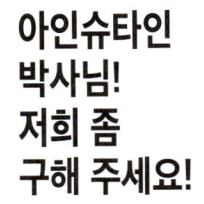

으앗!!

에구구구! 이게 뭐냐?

꺄아~, 박사님도 빨려들면 어떡해요?!

음하하하하핫! 초강력 진공청소기 맛이 어떠냐!

츠츠츠츠츠

!!

※ 시각적인 효과를 돋보이게 하기 위해서 블랙홀의 영역을 채색하였습니다. 따라서 사건의 지평선부터 블랙홀로 보면 됩니다.

우와~!

블랙홀에서 화이트홀로~! 189

짜잔~! 아인슈타인 박사, 나 왔어!

찰거머리 같은 인간 또 왔구먼.

찰거머리?! 그런 치욕적인 말을…!

그래, 이젠 이판사판이다! 나도 지쳤거든! 누가 사라져도 사라져야겠어!

블랙홀 이모저모

아인슈타인의 일반상대성이론이 예측한 가장 흥미로운 결과 중 하나는 블랙홀입니다.

블랙홀은 질량이 큰 별이 붕괴할 때 만들어집니다. 블랙홀은 시공간이 뒤틀려 있는 곳이고, 이 뒤틀림은 너무도 강력해서 빛조차 빠져나오지 못합니다.

빛이 빠져나오지 못하면 보이지가 않는데, 어떻게 블랙홀이 존재한다는 걸 알 수 있을까요? 블랙홀은 보이지 않기 때문에, 하나의 실마리로는 블랙홀이라고 단언하기 어렵습니다. 여러 가지 증거들을 놓고 종합적으로 판단해야 블랙홀임을 알 수 있습니다.

증거 하나. 블랙홀이 만들어질 때 강한 중력파가 방출됩니다. 이 중력파를 검출해서 블랙홀이 시공간을 뒤틀고 있다는 것을 알아 냅니다.

증거 둘. 블랙홀은 주변의 별을 끌어당겨서 압축합니다. 이때 가스의 온도가 상승하면서 X선을 방출하는데, 이걸 포착하면 블랙홀이 그곳에 있을 확률이 높다는 걸 알 수 있습니다.

증거 셋. 여러 가지 관측 자료를 이용해서 보이지 않는 천체의 질량을 계산합니다. 그 결과 그 값이 상당히 무거우면(적어도 태양의 3배 이상) 블랙홀일 가능성이 높습니다.

블랙홀에는 '사건의 지평선'이라는 것이 있습니다. 이곳을 넘어서면 다시는 되돌아올 수가 없게 됩니다. 어떤 물체든 사건의 지평선을 넘어서면 몸뚱이가 계속 늘어지게 되지요. 그러다가 블랙홀의 중심에 다가갈수록 중력은 더욱 강해져서, 물체는 엿가락처럼 늘어지다가 끝내 찢어지고 맙니다.

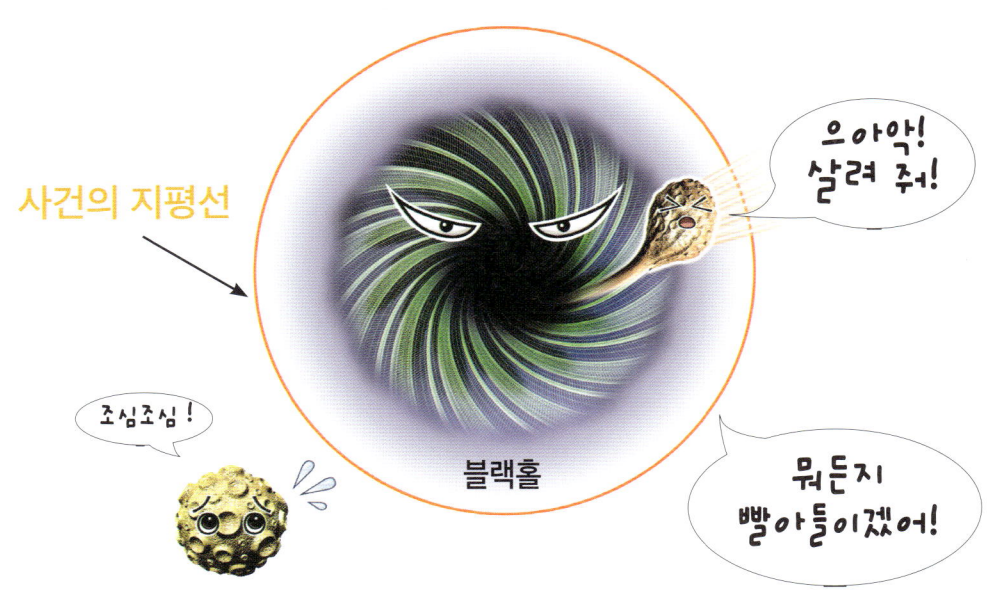

 아인슈타인이 왜 간디와 러셀을 만났나요?

A 1914년 10월, 아인슈타인은 독일의 군국주의와 제1차 세계대전에 저항하는 선언서에 서명을 했습니다. 전쟁을 치른 독일의 생활은 힘겹다 못해 참혹했습니다. 아인슈타인은 전쟁이 쓸고 간 베를린을 이렇게 묘사하고 있습니다.

"차마 눈 뜨고는 못 볼 참상과 굶주림이 도시 전역을 휩쓸고 있습니다. 유아 사망은 더욱 끔찍할 정도입니다. 정부는 힘을 잃어가고 있고, 여러 극렬주의자들이 서로 맹렬히 싸우고 있습니다."

1925년 아인슈타인은 인도의 간디와 강제 징집에 반대하는 대표적인 지식인들을 만났습니다.

"전쟁을 하기 위해서 강제적으로 군대를 징집하는 것은 평화를 해치는 심각한 협박입니다."

1955년, 아인슈타인은 수학자이면서 철학자인 러셀과 핵무기 사용 금지와 전쟁 반대를 여러 차례 논의했습니다. 그리고는 아인슈타인과 러셀은 '러셀-아인슈타인 선언문'이라고 알려진 선언서를 발표했습니다. 이것이 아인슈타인이 서명한 마지막 평화선언이었습니다. 아인슈타인은 그 서명 후 7일 뒤 사망했습니다.

**블랙홀은 사건의 지평선을 갖고 있지요.
그렇다면 사건의 지평선은 얼마나 클까요?**

① 1cm 정도다.
② 1m 정도다.
③ 1km 정도다.
④ 지구만 한 크기다.
⑤ 블랙홀마다 크기가 다르다.

QUIZ 정답
1.④ 2.② 3.⑤ 4.⑤ 5.③ 6.④ 7.① 8.⑤